Rabbi Nachman
Der leere Stuhl

Rabbi Nachman
Der leere Stuhl

Aus dem Englischen
(nach der Adaption von Moshe Mykoff)
von Astrid Ogbeiwi

Crotona

ISBN 978-3-86191-034-3

1. Auflage 2013
Crotona Verlag Gmbh & Co. KG

© der Originalausgabe 1994
Jewish Lights
The Breslov Research Institute
The Empty Chair

Original Edition published in english by Juwish Lights Publ.,
P.O.Box 237, Woodstock, VT. 05091, USA

Übersetzung: Astrid Ogbeiwi

Covergestaltung: Annette Wagner

Druck: C.H. Beck ◆ Nördlingen

INHALT

Rabbi Nachman sagte: Die Welt muss erst noch kosten, was ich ihr anzubieten habe. Hörten sie nur eine einzige meiner Lehren zusammen mit ihrer zugehörigen Melodie und ihrem Tanz – die unglaubliche Freude würde alle und alles in einen Zustand reiner Ekstase versetzen und zur völligen Überwindung des Selbst führen.

(Tz 340)

Für alle, die mich gelehrt haben,
den leeren Stuhl zu füllen.
Moshe M.

DANKSAGUNGEN

Diesen Aphorismen-Schatz von Rabbi Nachman zu übertragen und zu adaptieren, war eine einzigartig erfüllende Erfahrung – eine, die nicht möglich gewesen wäre ohne die Hilfe einiger besonderer Menschen. Zwei wunderbaren Freunden und Lehrern möchte ich danken: Chaim Kramer und Ozer Bergman. Ihre Ermutigung und ihre deutliche konstruktive Kritik waren lebenswichtig. Ein Wort des Dankes gebührt auch meinem Verleger Stuart Matlins, dessen Rat und große Offenheit die Arbeit an diesem Projekt zu einem wahren Vergnügen gemacht haben. Ein ganz besonderes Dankeschön gilt schließlich meiner Frau Elky, deren Liebe und Verständnis wesentliche Voraussetzungen sind für alles, was ich tue.

Moshe Mykoff
Jerusalem, Israel

Über das Titelbild

Der in meisterlicher Handwerkskunst gefertigte Stuhl auf dem Titel gehörte Rabbi Nachman. Der Überlieferung nach machte ein Anhänger ihm den Stuhl im Jahr 1808 zum Geschenk. Der Mann, ein einfacher Arbeiter, hatte ein halbes Jahr lang jeden Tag mehrere Stunden daran gearbeitet.

Während der Judenverfolgungen Anfang der 1920er Jahre wurde der Stuhl zerlegt und sicher verwahrt. 1936 brachte ihn eine Familie der Bratzlawer Chassidim, die noch vor dem Holocaust aus Europa fliehen konnte, nach Jerusalem. Dort wurde er wieder zusammengesetzt und 1959 durch das Israel-Museum neu bearbeitet sowie später durch die Schreinerei Katriel in Jerusalem restauriert.

Hinweis zu den Quellen

Alle Aphorismen von Rabbi Nachman in diesem Buch sind mit einer Quellenangabe versehen, aus der hervorgeht, welcher Schrift oder Lehre aus seinem umfangreichen Gesamtwerk sie entnommen sind. Diese Quellen werden in abgekürzter Form genannt; ausführliche Angaben dazu finden sich am Ende des Buches.

Einführung

Ist der Stuhl, auf dem du sitzt, leer?
„Lächerlich! Wie könnte er?"
Du hast recht. Er kann gar nicht leer sein, denn du sitzt
ja darauf.
Es ist allerdings sehr wohl möglich, dass die Person, die
auf dem Stuhl sitzt, sich leer fühlt.
Dann ist der Stuhl leer – sogar wenn er besetzt ist.

Rabbi Nachman von Bratzlaw wollte gerade mit einem
Lehrvortrag beginnen, als er plötzlich den Stuhl an-
packte, auf dem er saß, und sprach: „Wenn man auf dem
Stuhl sitzt, dann ist man ein *Mentsch*!" Wer das Jiddische
kennt, der weiß, dass ein *Mentsch* zu sein mehr bedeutet
‚als in dem deutschen Ursprungsbegriff „Mensch" ent-
halten ist. Leo Rostens Nachschlagewerk *Jiddisch – Eine
kleine Enzyklopädie* erklärt das Wort als „ein aufrechter,
anständiger, ehrlicher Mensch" und ergänzt: „Es ist gar
nicht leicht, den Respekt, die Würde und die Zustimmung zu vermitteln, die in dem Begriff mitschwingt,
wenn jemand ‚ein wahrer Mentsch' genannt wird." Wer

Rabbi Nachmans Lehren kennt, der weiß, dass ein *Mentsch* zu sein sogar noch mehr bedeutet als dies.

Im modernen Sprachgebrauch ist ein *Mentsch* ein ganzheitliches Wesen. Ein *Mentsch* ist jemand, der die unterschiedlichen Elemente seines Wesens, die körperlichen wie die geistigen, miteinander in Einklang gebracht hat; jemand, der die innere Leere überwunden hat, die wir zuweilen verspüren. Wenn eine solche Person auf einem Stuhl sitzt, dann ist der Stuhl voll. Man sitzt darauf, und man ist ein *Mentsch*.

Rabbi Nachman von Bratzlaw wurde 1772 in dem Dorf Miedzyborz in der Ukraine geboren. Als Urenkel von Israel ben Elieser, dem Baalschemtow, dem Begründer des Chassidismus, erlangte Rabbi Nachman eine herausragende Stufe der Heiligkeit und Weisheit. Bewandert in den tiefsten Tiefen der kabbalistischen Mystik und doch zugleich von ungekünstelter Pragmatik und Direktheit, lehrte er Aufrichtigkeit, Einfachheit und Glaube. Er ersann wundersame Geschichten von Prinzessinnen, Riesen, Bettlern und Kaisern. Er sprach vom Heilen und vom Ganzwerden … vom Lebendigsein!

Rabbi Nachman gewann eine Schar treuer Anhänger, darunter gleichermaßen einfache Leute wie Gelehrte. Für sie war er „der Rebbe", ihre wichtigste Quelle für spirituelle Wegweisung und Unterstützung. Auch nach seinem Tod hielt sein starker Einfluss an. Seine Lehren verbreiteten sich von Mund zu Mund und durch seine Schriften. Seine Anhänger suchten auch weiterhin in seinen Lektionen nach Wegweisung und Inspiration. Die Bewegung, die er begründete, steht heute in voller Blüte und wächst immer noch. Weit über diese Kreise hinaus wurde Rabbi Nachman durch seinen erhabenen Optimismus und seine bodenständige Weisheit zu einem der meistzitierten und -studierten jüdischen Lehrer aller Zeiten.

Rabbi Nachman lebte zu einer Zeit, die man wohl zu den bedeutendsten Wendepunkten in der Geschichte der Menschheit zählen muss. Seine Lebensspanne umfasste den Beginn der Industriellen Revolution, den Amerikanischen Unabhängigkeitskrieg und die Französische Revolution. Goethe, Kant, Lord Byron, Beethoven und Mozart – sie alle lebten und wirkten in den Tagen des Rabbi. In einer Ära, die bereit war zu einem

Paradigmenwechsel, aus dem große Vernunft, aber zugleich auch tiefste Zweifel, ein beispielloses Überwinden äußerer Grenzen, aber zugleich auch eine nie dagewesene innere Leere hervorgehen sollten, legte Rabbi Nachman seinen Finger an den Puls des heraufziehenden Zeitalters und sagte: „Ich will euch ein Geheimnis verraten: Großer Unglaube kommt in die Welt …"

Kommt uns das heute, rund zweihundert Jahre später, nicht bekannt vor? Außerdem wissen wir inzwischen, dass diese Entfremdung von Gott auf der persönlichen Ebene einem „großen Unglauben" in anderer Form entspricht – der Entfremdung von uns selbst.

An ein Zeitalter gerichtet, in dem das Gefühl der Leere vorherrschen würde, entwickelte Rabbi Nachman eine universelle Lehre, die spirituell Suchende ebenso anspricht wie gewöhnliche Menschen und ihre Alltagsprobleme. Seine Botschaft – eine Botschaft der Hoffnung und der Freude – besagt, dass selbst dort, wo die dunkle Nacht der Seele am undurchdringlichsten scheint, Funken des Lichtes nur darauf warten, freigesetzt zu werden. Seine inspirierenden Worte richten

sich an Gläubige aller Richtungen, an weniger Gläubige und sogar an jene, die keinerlei Glauben haben.

Dieser kleine Aphorismen-Schatz des Rabbi vermittelt einen Überblick darüber, was er uns zu unserer Heilung und Ganzwerdung verordnet: Positives Denken, das Gute im anderen entdecken und vieles mehr – alles mit dem Ziel, *im Einklang zu leben*. Um *auf dem spirituellen Weg* zur Vervollständigung des Selbst weiterzukommen, rät er zu bewusster Wahrnehmung, zur Verbindung von Herz und Verstand und dazu, sich mit *Glaube, Einfachheit und Wahrheit* zu stärken. Damit wir *die Himmelspforte öffnen* können, ermutigt er uns dazu, durch Gebet und Meditation die Pforten unseres Herzens, unseres Verstandes und unserer Lippen zu öffnen. All dies findet seine Vollendung in der Art und Weise, wie wir nach Rabbi Nachman den leeren Stuhl – das entfremdete Selbst – füllen sollen, nämlich indem wir *Traurigkeit hinter uns lassen und Hoffnung und Freude finden*.

1

Im Einklang leben

Im Einklang leben

Im Einklang zu leben, bedeutete für Rabbi Nachman, bewusst zu leben – sich der Vergänglichkeit dieser Welt und der Ewigkeit der kommenden Welt bewusst zu sein.

Beim Blick aus seinem Fenster zum Marktplatz sah Rabbi Nachman einen seiner Anhänger vorübereilen.

„Hast du heute Morgen schon zum Himmel aufgeschaut?", fragte der Rebbe.

„Nein, Rebbe, dazu hatte ich noch keine Zeit."

„Glaube mir, in fünfzig Jahren wird alles, was du hier siehst, vergangen sein. Es wird einen anderen Markt geben – mit anderen Pferden, anderen Wagen und anderen Leuten. Ich werde dann nicht mehr da sein und du auch nicht. Was also ist so wichtig, dass du keine Zeit hast, zum Himmel aufzuschauen?!"

Rabbi Nachman von Bratzlaw lehrte …

Wisse! Der Mensch geht im Leben
auf einem sehr schmalen Steg.
Das Allerwichtigste ist,
dass du keine Angst hast.

(LM II, 48)

Mache nicht denselben Fehler
wie jene, die erst gar
nicht mehr versuchen
sich zu ändern,
weil sie in eingefahrenen
Gewohnheiten feststecken.
Wenn du wirklich willst
und bereit bist, genug dafür zu tun,
kannst du alte Gewohnheiten überwinden.

(LM II, 110)

Alles in der Welt –
alles, was ist und was geschieht –
ist eine Prüfung und nur dazu da,
dir Wahlfreiheit zu geben.
Wähle weise.

(RNW 300)

Es ist nichts sonderlich Geheimnisvolles
am freien Willen. Du tust, was du
tun willst, und du lässt,
was du nicht tun willst.

(LM II, 110)

Denke daran:
Nichts erzeugt Ganzheit
im Leben besser als ein Seufzer,
der aus tiefstem Herzen kommt.

(LM I, 18)

Lerne zu warten. Wenn es so aussieht,
als könntest du trotz all deines entschlossenen
Bemühens deine Ziele nicht erreichen,
dann habe Geduld.
Zwischen Annehmen und Bangen
wähle das Annehmen.

(Tz 431)

Jeder Anfang erfordert,
dass du neue Türen aufschließt.
Der Schlüssel ist Geben und Tun.
Gib Barmherzigkeit und tue Güte.

(LM II, 4)

Du bist immer dort,
wo deine Gedanken sind.

Achte darauf, dass deine Gedanken
dort sind, wo *du* sein willst.

(LM I, 21)

Möchtest du irgendetwas unbedingt haben
oder wünschst du dir, dass etwas geschieht?
Richte deine volle Konzentration
auf diese Sache oder dieses Ereignis.
Male es dir in den kleinsten Einzelheiten aus.
Wenn dein Wunsch stark genug
und deine Konzentration intensiv genug ist,
kannst du es wahr werden lassen.

(RNW 62)

Die Gelüste dieser Welt
sind wie Sonnenstrahlen
in einem dunklen Zimmer.
Sie wirken so lange greifbar,
bis du versuchst, einen zu fassen.

(RNW 6)

Sei gewarnt:
Mensch und Geld
können nicht ewig beisammen bleiben.
Entweder das Geld wird
dem Menschen
oder der Mensch
dem Gelde genommen.

(RNW 51)

Die Anbetung des Geldes kommt,
genau wie die Götzenanbetung,
von mangelndem Gottvertrauen.
Je gründlicher sie ausgerottet wird,
desto heller erstrahlt die Welt
im Segen der Liebe des Heiligen.

(Ad. S. 139)

Werde ein Mensch, dem
die Erfüllung körperlicher Bedürfnisse
zur spirituellen Erfahrung wird.
Manche Menschen essen,
um Kraft zu haben für das Studium
des Wortes Gottes.
Andere, spirituell bewusstere,
studieren Gottes Wort,
um zu lernen, wie man isst.

Wann immer möglich,
vermeide, hastig zu essen.
Auch zu Hause
schlinge dein Essen nicht hinunter.
Essen ist ein Akt der Heiligkeit.
Es erfordert volle Geistesgegenwart.

(Tz 515)

Wenn du spürst,
dass du wütend wirst, halte ein.
Stelle dir vor, du seist bereits explodiert
und fühltest dich nun völlig leer.
Denn genau dies geschieht,
wenn du wütend wirst:
Deine Seele verlässt dich.
Tue dies, und deine Wut wird
gewiss verfliegen.

(LM I, 68)

Antworte auf Beleidigungen mit Schweigen.
Wenn jemand dich verletzt,
vergelte nicht Gleiches mit Gleichem.
Dann wirst du echter Ehre würdig –
Ehre, die innere Ehre ist,
Ehre von droben.

(LM I, 6)

Frieden heilt.

Wenn deine eigene Welt in Stücke bricht,
dann mehre dein Wissen von Gott.
Überreich wird daraus
innerer Frieden erwachsen.

Wenn die äußere Welt in Stücke bricht,
dann fördere die Suche nach Wahrheit.
Überreich wird daraus
Frieden für alle Welt erwachsen.

(LM I, 27)

Der höchste Friede ist der Friede
zwischen Gegensätzen.

(LM I, 80)

Wenn du daran denkst, sobald dir wieder einmal
jemand begegnet, bei dem dir unbehaglich wird,
dann wirst du dich nicht mehr schnellstmöglich
aus dem Staub machen, sondern Wege finden,
wie ihr miteinander auskommen könnt.

(Ad. S. 258)

Sei wie Gott und schaue nicht
auf die Fehler und Schwächen der Menschen.
Dann wirst du mit jedermann
in Frieden leben.

(Ad. S. 258)

Es ist leicht, andere zu kritisieren
und ihnen das Gefühl zu geben,
sie seien unerwünscht.
Das kann jeder.
Mühe und Geschick erfordert es hingegen,
sie aufzufangen
und ihnen ein gutes Gefühl zu schenken.

(NT 31)

Suche stets das Gute
im anderen.

Konzentriere dich auf dieses Gute,
hebe es hervor und wandele so
sogar den Sünder zum Heiligen.

(LM I, 282)

Suche stets das Gute
in dir.

Konzentriere dich auf dieses Gute,
hebe es hervor und wandele so
Niedergeschlagenheit zu Freude.

(LM I, 282)

Wenn du gefragt wirst, wie es geht und steht,
dann jammere und murre nicht,
wie schwer du es hast. Denn antwortest du:
„Miserabel", dann spricht Gott:
„Das nennst du schlecht? Ich werde dir zeigen,
was wirklich schlecht ist!"

Wenn du gefragt wirst,
wie es geht und steht,
und du trotz Schwierigkeiten
und Leiden
antwortest:
„Gut", dann spricht Gott:
„Das nennst du gut? Ich werde dir zeigen ,
was wirklich gut ist!"

(NT 46)

Der Baumeister der Welt
tut nie zweimal dasselbe.
Jeder Tag ist eine völlig
neue Schöpfung. Nimm so viel,
wie du nur kannst, von dem, was
jeder neue Tag zu bieten hat.

(LH 1, 123d)

Arbeite daran,
nur positive Gedanken zu haben.
Dies wird Wunder wirken
in deinem Geist.

(LM I, 21)

Jeder Tag hat seine eigenen
Gedanken, Worte und Werke.
Lebe im Einklang damit.

(LM I, 54)

2

AUF DEM
SPIRITUELLEN WEG

AUF DEM SPIRITUELLEN WEG

Rabbi Nachman sagte, oft seien ihm sogar schon seine täglichen religiösen Pflichten wie eine schwere Bürde vorgekommen. Doch der Rabbi fand eine Möglichkeit, die Last seiner Andachten zu tragen. Dazu sagte er sich jeden Morgen: „Ich achte nicht auf den morgigen und alle künftigen Tage – es gibt nur heute!"

Der Rabbi wusste, dass uns auf dem spirituellen Weg vor allem das Gefühl zermürbt, dass wir zu viele Pflichten zu erfüllen haben. Stattdessen, so riet er, sollten wir uns ausschließlich auf die unmittelbar bevorstehende Aufgabe konzentrieren. Auf diese Weise können wir sogar die beängstigendsten Hindernisse überwinden.

Spirituelles Erwachen beginnt mit
Inspiration, die von außen kommt.
Bist du dann erst einmal auf dem Weg,
beginnt die eigentliche Arbeit.
Lasse nicht locker, und allmählich kommt
Inspiration von innen.

(LH 3, 152c)

Auf den ersten Stufen deines
spirituellen Weges mag es scheinen,
als lehne der Himmel dich ab und
verschmähe all dein Bemühen.
Halte deinen Kurs. Gib nicht auf.
Mit der Zeit werden alle Hemmnisse weichen.

(LM II, 48)

Spirituelles Wachstum kann wie
eine Achterbahnfahrt sein. Tröste dich
mit der Gewissheit:
Der Weg nach unten ist nur die
Vorbereitung für den Weg nach oben.

(LM I, 22)

Eile mit Weile:
Spirituelles Wachstum muss
langsam und stetig vor sich gehen.
Allzu oft wollen wir uns und unsere Beziehungen
so rasch verbessern, dass wir uns recht
unglücklich machen und in Verwirrung stürzen.

(RNW 27)

Bestehe nie darauf, dass alles nach
deinen Wünschen gehen muss,
nicht einmal in spirituellen Dingen.

(Tz 433)

Glaube daran, dass keine Mühe,
die du darauf verwendest, Gott näher zu kommen,
je verloren ist – selbst wenn du
am Ende nicht erlangst,
was du erstrebst.

(RNW 12)

Sei eigensinnig und dickköpfig,
wenn du Gott näher kommen willst.
Wie sonst solltest du alle Schwierigkeiten
überwinden, die sich dir mit Sicherheit
in den Weg stellen werden?

(LM I, 22)

Lasse dich nicht entmutigen
von den Hindernissen, die dir auf deinem
spirituellen Weg begegnen. Sie sind
absichtlich dazu da, um dein Verlangen
nach dem Ziel, das du suchst, zu mehren.
Denn je größer dein Ziel, desto
größere Sehnsucht erfordert es auch,
um es zu erreichen.

(LM I, 66)

Denke stets daran:
Nie wird dir ein Hindernis entgegengestellt,
das du nicht überwinden kannst.

(LM II, 46)

Manchmal erscheint eine bestimmte Andacht
ideal, um Gott näher zu kommen. Später dann
erscheint eine andere noch besser.
Warum dich beirren lassen?
Alles, was du tust, ist gut,
solange du nichts Unrechtes tust.

(RNW 269)

Beschäftige dich damit, Gutes zu tun,
und das Schlechte wird
ganz von selbst entfallen.

(RNW 12)

Das direkteste Mittel, womit wir
uns von dieser materiellen Welt aus
an Gott anbinden können,
sind Musik und Gesang.

Auch wenn du nicht gut singen kannst, singe.
Singe für dich. Singe in der
Abgeschiedenheit deines Zuhauses.
Aber singe.

(RNW 273)

Lasse keine Gelegenheit aus,
das Wort Gottes zu studieren.
Es besänftigt den Geist und beruhigt das Herz.

(Ad. S. 269)

Gottes Wort ist der Quell allen
wahren Lebens. Lerne und begreife es.
Das Wort kann deine Seele heilen
und sie mit ihrer Quelle verbinden.

(LM I, 74)

Heilige deinen Mund durch
Gebet und Studium; deine Nase
durch den langen Atem der
Geduld;
deine Ohren durch das
Lauschen auf die Worte der Weisen
und deine Augen, indem
du sie vor dem Bösen verschließt.

(LM I, 21)

Es genügt nicht, Gott nur
mit dem Verstand zu kennen.
Binde die Erkenntnis an dein
Herz, damit die Ehrfurcht
vor der Größe des Heiligen zu
wahrer Hingabe führt.

(Ad. S. 60)

Fülle dein Herz mit Verlangen und
Sehnen nach Gott. Begehre,
dem Heiligen in rechter Weise zu dienen.
Denn in Wirklichkeit ist angesichts von Gottes
Größe kein menschlicher Dienst
je angemessen. Tue einfach
dein Bestes.

(Tz 554, RNW 51)

Bemühe dich nach Kräften,
dein Verlangen nach Gott zu mehren. Natürlich
ist dies allein noch nicht genug;
es muss auch in die Tat umgesetzt werden.
Doch selbst wenn du nicht würdig bist,
deine spirituellen Ziele zu erreichen,
so ist doch das Sehnen sehr kostbar
und verdient Belohnung.

(RNW 260)

Gib niemals Gefühlen
der Einsamkeit nach. Wo du auch bist:
Gott ist dir nah.

Denke daran:
Das Gefühl der Gottesferne
ist subjektiv, nicht objektiv;
es ist nur dein Empfinden,
nicht die Wirklichkeit.

(RNW 52)

Das Licht des Unendlichen ist ohne Form
und nimmt – zum Guten wie zum Schlechten –
nur in dem Gestalt an, der es empfängt.
Deshalb liegt es an uns.
Wir müssen unser Bestes tun, Gottes Licht
als einem Segen Gestalt zu geben,
nicht als einem Fluch.

(LM I, 3)

Sei umsichtig, es liegt viel Kraft
in einem Blick. Geht er einher mit einem
bösen Gedanken, kann er Schaden anrichten.
Das nennt man gemeinhin
den bösen Blick.

(RNW 27)

Habe den guten Blick. Erblicke stets das Gute
in anderen. Spirituelle Achtsamkeit
ist darauf angewiesen.
Spirituelle Achtsamkeit geht verloren,
wenn Menschen
Ihr Herz durch Eifersucht abstumpfen lassen
und den bösen Blick entwickeln.

(LM I, 54)

Suche das Heilige im
Alltäglichen. Suche das Bemerkenswerte
im Gewöhnlichen.

Ist nicht das Hohelied zugleich
Liebeslied und die heiligste
aller heiligen Lehren?

(LM I, 243)

Gib bei deiner spirituellen Suche
alle weltliche Sorge auf, und man
wird dich einen Fanatiker nennen. Doch
betrachte die Hingabe an Gott
nicht als Fanatismus. Wenn überhaupt,
dann sind jene,
die sich weltlichen Vergnügungen verschreiben,
die wahren Fanatiker.

Selbst was die Welt als
Fanatismus betrachtet, ist unnötig.
Man kann Gott nahekommen,
ohne alles aufzugeben.

(RNW 51)

Nach Gott zu dürsten,
ist unsere Aufgabe
in dieser Welt.

Diesen Durst zu stillen,
wird unser Lohn sein
in der Kommenden Welt.

(RNW 259)

3

... MIT GLAUBEN,
EINFACHHEIT UND WAHRHEIT

... mit Glauben, Einfachheit und Wahrheit

Rabbi Nachman lehrte: Die Suche nach der Wahrheit – über unsere Welt und über uns selbst – muss energisch betrieben werden. Wir müssen ebenso aufrichtig wie entschlossen sein. Geht unsere Suche mit Glaube und Einfachheit einher, dann ergreifen uns keine nagenden Zweifel oder lähmende Ausweglosigkeit, sondern nur freudige Zufriedenheit.

Die Menschen betrachten den Glauben
als eine unbedeutende Angelegenheit.
Aber ich betrachte ihn als sehr,
sehr wichtig.

(RNW 33)

Tue alles, um deinen
Glauben an Gott zu vertiefen.

Glaube ist das Fundament jeder
spirituellen Suche … die Wurzel jeder
Lehre und Praxis …
das Fahrwasser jeder Wohltat
und jeden Segens.

(RNW 261)

Für den wahren Gläubigen gilt:
Glauben heißt Sehen.

(Ad. S. 11)

Besser ein Narr sein, der alles glaubt,
als ein Zweifler,
der gar nichts glaubt –
nicht einmal die Wahrheit.

(RNW 103)

Nutze jedes Mittel, um deinen Glauben
zu stärken. Dazu gehört auch, dass du Wege
findest,
festen Glauben an einen gerechten
Lehrer zu entwickeln … und an dich selbst.

(RNW 141)

Bestärke deinen Glauben an dich selbst:

Ich glaube daran, dass ich
in Gottes Augen sehr wichtig bin.
Ich glaube daran,
dass ich immer zurückkehren kann,
egal, wie weit ich vom Wege abgekommen bin.
Ich glaube daran, dass ich
die innere Kraft zur Veränderung habe.
Ich glaube daran, dass ich wahre Hingabe
und Nähe zu Gott entwickeln kann.

Der Glaube macht dich wahrhaft lebendig.
Er erfüllt alle deine Tage mit Gutem.
Wenn Schwierigkeiten kommen,
und das werden sie,
dann finde Trost in deinem Glauben,
dass alles, was geschieht, zu deinem Besten ist.

(RNW 32)

Beachte:
Alles Tun kann zum Gottesdienst werden.
Doch je mehr es an Glauben mangelt,
desto mehr wenden sich die Menschen
mühseligen und aufwändigen Andachten zu.

(LM II, 86)

Vermeide ausgeklügeltes und
schlaues Denken; es trägt nichts dazu bei,
dass du Gott näherkommst.
Alles, was du benötigst, ist Einfachheit,
Aufrichtigkeit und Glaube.

Ist schließlich Gott nicht höher als
alles andere? Und ist Gott nicht zugleich
zutiefst einfach?

(RNW 101)

Verlasse dich auf nichts und niemanden
außer auf Gott.
Dies ist wahre Einfachheit.
Alles andere bedeutet nur, dass du es dir
sehr kompliziert machst.

(Ad. S. 247)

Ist dir je aufgefallen, dass die Leute,
je weiter sie von der Wahrheit entfernt sind,
desto eher jemanden, der sich vom Bösen
abwendet,
für einen Narren halten?

Wenn es keine Wahrheit gibt
in der Welt,
dann bleibt jedem,
der sich vom Bösen abwenden will,
nichts anderes übrig,
als den Narren zu spielen.

(ABB S. 9)

Da der Mensch nun einmal fehlbar ist,
gehen Sieg und Wahrheit
nicht immer zusammen. Daher kannst du,
wenn du immer gewinnen musst,
nicht immer wahrhaftig sein.

(LM I, 122)

Die Wahrheit ist eine. Der Lügen sind viele.

Die Lüge sorgt dafür, dass das innere Auge
doppelt sieht, so dass, was eines ist,
wie zwei erscheint, und was ganz ist,
geteilt wirkt. Strebe stets nach
der „vollkommenen Sicht" der Wahrheit.

(LM I, 51)

Entwickle einen guten Blick.
Stets das Gute zu suchen,
wird dich zur Wahrheit führen.

Auch mit dem guten Blick,
hüte dich vor übereiltem Urteil.
Dies ist nichts anderes,
als wenn du etwas aus der Ferne betrachtest
und die falschen Schlüsse ziehst.

(LM I, 51)

Willst du ein Mensch der Wahrheit sein,
so lasse dich weder von Zustimmung
noch von Ablehnung umstimmen.

Arbeite darauf hin,
niemandes Zustimmung zu benötigen,
dann wirst du frei,
der zu sein, der du wirklich bist.

(LM I, 66)

Wahrheit ist das „Licht" durch das
du den Weg aus der Dunkelheit findest.
Zünde es an.

(LM I, 9)

4

DIE HIMMELSPFORTE
ÖFFNEN

DIE HIMMELSPFORTE ÖFFNEN

Rabbi Nachman empfahl mehrere Methoden, um die Himmelspforte zu öffnen, darunter: Vorformuliertes und spontanes Gebet, seine einzigartige Meditationsform *Hitbodidut* sowie den stillen Schrei.

Der Rabbi sagte: Wann meditiere ich? Wenn alle Welt um mich herum ist, dann ziehe ich mich zu Gott zurück. Ich kann einen stillen Schrei ausstoßen. Was ich sage, wird vernommen vom einen Ende der Welt bis zum anderen, doch die Menschen um mich herum hören nichts!

Jeder kann das. Stelle dir in deinem Geist den Klang eines solchen Schreies vor. Genau wie deine Kehle Klänge aus deinen Lungen über deine Lippen bringt, so gibt es auch Nerven, die Klänge in deinen Kopf leiten. Wenn du dies tust, dann schreist du in deinem Gehirn. Richte diesen Schrei an den Einen droben, und er wird die Himmelspforte öffnen.

Bete. Bete. Bete.
Was immer du brauchst …
Beten ist die beste Art,
es zu erlangen.

(RNW 233)

Bete mit Gefühl,
und Gott wird dir vergeben.

(ABB S. 237)

Bete mit aufmerksamem Herzen,
und du wirst sehen, dass alle Himmelspforten
sich dir öffnen.

(ABB S. 70)

Bete mit Freude und sieh zu, wie deine
Bitten geradewegs aufsteigen
zu Gottes Kammer

(ABB S. 245)

Gehe hin und besiege Gott.
Ja, Gott will wirklich,
dass wir ihn erobern.
Er will, dass wir beten
und immer wieder beten,
bis wir den Heiligen „zwingen"
uns für das, was wir getan haben,
zu vergeben.

(RNW 69)

Gehe, so oft du kannst,
hinaus auf die Felder, um zu beten.
Alles Gras wird es dir gleich tun.
Es wird in deine Gebete einstimmen
und dir die Kraft geben
zu Gottes Lobgesang.

(LM II, 11)

Lobe Gott. Dies rückt alle Dinge ins
Lot und ins rechte Verhältnis.

(LM I, 27)

Halte dir stets vor Augen,
dass die Essenz deiner Gebete
dein Glaube daran ist,
dass sie erhört werden.

(LM I, 7)

Lausche beim Beten
sorgfältig den Worten. Wenn dein
Herz achtsam ist, geht dein ganzes
Wesen in dein Gebet ein, ohne
dass du dies erzwingen müsstest.

(RNW 66)

Besonders gut ist es, wenn du
dein Herz erwecken und zu Gott flehen kannst,
bis Tränen aus deinen Augen fließen
und du dastehst wie ein kleines Kind,
das sich bei seinen Eltern ausweint.

(RNW 7)

Sprache hat die große Kraft,
einen Menschen spirituell zu erwecken.

Sprich zu Gott mit deinen eigenen Worten.
Verfasse deine eigenen Gebete.
So kommt deine Seele zum Vorschein,
und deine meditativen Gaben
werden wachgerüttelt.

(LM II, 98)

Hitbodidut-Meditation –
das von innen kommende, nicht vorgegebene,
aktive eigene Ausdrücken
vor Gott –
ist der allerhöchste Pfad.
Ihn schlage ein.

(LM II, 25)

Mache es dir zur täglichen Gewohnheit,
dich zur *Hitbodidut*-Meditation zurückzuziehen.
Sprich deine innersten Gedanken und Gefühle
jeden Tag vor Gott aus – in der Sprache,
die dir die vertrauteste ist.

(LM II, 96)

Sprich mit Gott,
wie du mit deinem allerbesten Freund
sprechen würdest.
Sage dem Heiligen alles.

(LM II, 99)

Selbst wenn du Gott nicht mehr sagen kannst als
„Hilf!", ist es sehr gut.
Wiederhole dies immer wieder,
bis Gott dir die Lippen öffnet und
die Worte dir
aus dem Herzen strömen.

(LM II, 96)

Und selbst wenn keine Worte kommen,
verzweifle nicht. Kehre Tag um Tag wieder
an deinen abgeschiedenen Ort
und warte. Allein der Wille, mit Gott zu sprechen,
ist an sich schon etwas sehr Gutes.

(LM II, 25)

Der Gipfel
der *Hitbodidut*-Meditation
ist erreicht, wenn du aufgrund
deiner großen Sehnsucht, eins zu werden mit
Gott, spürst, dass deine Seele nur durch
einen einzigen Faden mit deinem Körper
verbunden ist.
Gibt es irgendetwas Besseres, wonach man
in diesem Leben streben könnte?

(LM II, 99)

Vor allem ist das Gebet das Tor,
durch das wir zu Gott eingehen.
Lerne beten, und du wirst den Heiligen
kennenlernen und an ihn angebunden werden.

(LM II, 94)

5

TRAURIGKEIT HINTER SICH LASSEN
UND HOFFNUNG UND FREUDE FINDEN

Traurigkeit hinter sich lassen und Hoffnung und Freude finden

Rabbi Nachman fühlte sich zerschlagen und leer. Soeben war sein kleiner Sohn gestorben. Zwar waren seine treuesten Anhänger gekommen, ihn zu trösten, doch sie konnten seine Qualen nicht mitansehen und eilten aus dem Zimmer.

Als sie am nächsten Tag wiederkamen, sprach der Rabbi zu ihnen: „Wäret ihr nicht davongerannt, hätte ich Euch etwas Wunderschönes gesagt." Dann hielt er einen Lehrvortrag mit dem Titel *Garten der Seelen*, in dem er erklärte, wie wir noch unserem größten Leid einen Sinn abgewinnen können. Genau dies müssen wir tun, wenn wir Traurigkeit hinter uns lassen und Hoffnung und Freude finden wollen.

Denke stets daran:
Freude ist nichts Nebensächliches auf
unserer spirituellen Suche.
Sie ist lebenswichtig.

(LM I, 24)

Nichts ist so befreiend wie Freude.
Sie befreit den Geist und erfüllt ihn
mit Gelassenheit.

(LM II, 10)

Die Hoffnung zu verlieren
ist, als verlörst du deine Freiheit,
als gingest du dir selbst verloren.

(Ad. S. 253)

Wahre Freude zu finden, ist die allerschwierigste
spirituelle Aufgabe. Wenn du dich nur dadurch
fröhlich machen kannst, dass du
etwas Albernes tust,
dann tue es.

(Ad. S. 254)

Niedergeschlagenheit
richtet schweren Schaden an.
Arbeite mit allen Tricks, die dir einfallen,
um dich froh zu stimmen.

(LM II, 48)

Heute fühlst du dich obenauf.
Lasse dich von einem Gestern und
Morgen nicht niederringen.

(RNW 288)

Wenn du dich niedergeschlagen fühlst, obwohl
du glücklich sein möchtest, dann schöpfe Kraft
aus vergangenen, glücklicheren Tagen.
Am Ende wird die Freude zu dir zurückkehren.

(LM I, 222)

Wenn du nicht glücklich bist,
dann tue so als ob.
Selbst wenn du völlig niedergeschlagen bist,
setze ein Lächeln auf. Wirke fröhlich.
Echte Freude wird sich einstellen.

1(RNW 74)

Gewöhne dir an, eine Melodie zu singen.
Es wird dich neu beleben und
mit Freude erfüllen.

(Ad. S. 118)

Gewöhne dir an zu tanzen.
Es vertreibt Niedergeschlagenheit und
macht schwierige Lebenslagen leichter.

(LM I, 41)

Trage stets ein Lächeln im Gesicht.
Dann besitzt du das Geschenk des Lebens
und kannst es weitergeben.

Manchmal sind Menschen schwer belastet,
haben aber niemanden, der ihnen
ihre Last abnehmen könnte.
Wenn du ihnen mit einem fröhlichen Gesicht
entgegenkommst, hellst du ihre Stimmung auf
und
schenkst ihnen neues Leben.

(RNW 43)

Verwechsle echten Kummer nicht mit
Traurigkeit und Niedergeschlagenheit.
Niedergeschlagenheit ist in Wirklichkeit Wut,
eine Beschwerde an Gott, weil er
dir nicht gibt, was du willst.
Wenn du aber ein gebrochenes Herz hast,
dann bist du wie ein kleines Kind,
das weint, weil seine Eltern
fern sind.

(RNW 41, 42)

––––

Wenn du glücklich bist,
dann ist es leicht, dir Zeit
zum Gebet mit gebrochenem Herzen zu nehmen.
Bist du aber niedergeschlagen,
so ist es sehr schwer,
dich zum Gespräch mit Gott zurückzuziehen.

Dass du glücklich bist,
ist daher so wichtig, dass du dich
notfalls sogar zwingen solltest,
glücklich zu sein.

(RNW 20)

Die meisten Menschen betrachten
das Vergessen als einen Mangel.
Ich halte es für sehr nützlich.

Vergessen zu können, befreit dich
von den Lasten der Vergangenheit.

(RNW 25)

Vermeide Niedergeschlagenheit um jeden Preis.
Sie ist die Wurzel aller Krankheit
und allen Leidens.

(LM II, 24)

Verzweifle niemals! Nie!
Es ist verboten, die Hoffnung aufzugeben.

(LM II, 78)

Egal, wie weit du vom Wege
abgekommen bist, es ist immer möglich,
zu Gott zurückzukehren.
Willige deshalb darin ein, dass
nirgendwo Platz für Verzweiflung ist.

(RNW 3)

Verzweifle nie in deinem Schreien,
deinem Beten und Flehen zu Gott.
Bleibe dabei, bis dir Erfolg beschieden ist;
bis die Nähe, nach der du dich sehnst,
dein ist.

(Tz 565)

Wenn du glaubst, dass du schaden
kannst, dann glaube auch,
dass du wiedergutmachen kannst.

Wenn du glaubst, dass du verletzen kannst,
dann glaube auch, dass du heilen kannst.
(LM II, 112)

Denke daran:
Es kann sich alles vom Allerschlimmsten
zum Allerbesten wenden …
in einem winzigen Augenblick.

Quellen:

Ad.	*Advice*, The Breslov Research Institute 1983.
AB	*Awaneha Barsel*, Chasidei Breslov (die Jeschiwa – die jüdische Hochschule – der Bratzlawer Chassidim in Jerusalem) 1935
ABB	*The Aleph-Bet-Book*, Breslov Research Institute 1986
LH	*Likutey Halakhot*, Band 1-8, Chasidei Breslov
LM	*Likutey Moharan* Band I und II, Chasidei Breslov
NT	*N'tiv Tzaddik*, Chasidei Breslov
Tz.	Tzaddik. A Portrait of Rabbi Nachman, Breslov Research Institute 1987
RNW	Rabbi Nachman's Wisdom, Breslov Research Institute 1973

Die Zahlen nach den Kurzbezeichnungen der Quellenwerke entsprechen, wo nicht anders angegeben, der klassischen Nummerierung der Texte.

ÜBER DAS
BRESLOV RESEARCH INSTITUTE

Rabbi Nachman war erst achtunddreißig Jahre alt, als er im Jahr 1810 verstarb. Doch kurz vor seinem Tod sagte er seinen Anhängern, sein Einfluss werde noch lange fortwirken. „Mein Licht wird brennen bis zu den Tagen des Maschiach [Messias]." Generationen von Leserinnen und Lesern ließen sich von seinen Schriften, die von führenden Gelehrten in aller Welt erforscht und gedeutet wurden, begeistern und inspirieren.

Das in allen Gesellschaftsschichten wachsende Interesse an Rabbi Nachman – in akademischen Kreisen ebenso wie unter Laien – führte 1979 zur Gründung des Breslov Research Institute in Jerusalem. Seither befasst sich eine Gruppe von Wissenschaftlern mit der Erforschung der Schriften, der mündlichen Überlieferung und der Musik der Bewegung der Bratzlawer Chassidim. Ziel und Aufgabe des Instituts ist die Veröffentlichung verbindlicher Übersetzungen, Kommentare und allgemeiner Werke über die Chassidut (hebräisch: die Frömmigkeit) der Bratzlawer.

Dazu gehört auch die Aufzeichnung ihres Liedguts und ihrer Melodien auf Tonträgern und in Liederbüchern.

Das Breslov Research Institute hat seinen Sitz in Jerusalem, außerdem Niederlassungen in Nordamerika und Australien sowie Ansprechpartner in Südamerika und Europa.

Die Adresse des Hauptsitzes lautet:
Breslov Research Institute
P.O. Box 5370
Jerusalem, Israel
Tel: 011-9722-582-4641
Fax: 011-9722-582-5542
www.breslov.org
(Ein Kontaktformular findet sich auf der Website)
Ansprechpartner in Europa sind:

Manchester:
Joel Monath
Tel.: 07970 271 823

London:
Aron Meir Ackerman
Tel.: 07968 379 959

Schriften von und über Rabbi Nachman sowie weitere Bücher
der Bratzlawer Chassidim können (nur auf Englisch) direkt
von der Website des Breslov Research Institute aus bestellt
werden.

Literatur-Empfehlungen

- Rabbi Nachman, *Die sanfte Waffe*, Crotona, erscheint im Herbst 2013
- Michael Brocke (Hrsg.), *Die Erzählungen des Rabbi Nachman von Bratzlaw.* Zum ersten Mal aus dem Jiddischen und dem Hebräischen übersetzt, kommentiert und mit einem Nachwort versehen von Michael Brocke, rororo 1989
- Martin Buber, *Die Geschichten des Rabbi Nachman. Ihm nacherzählt*, Rütten & Loening 1906 bzw. Gütersloher Verlagshaus 2002 (sowie zahlreiche, jedoch teilweise unvollständige Ausgaben in anderen Verlagen)
- Martin Cunz, Raphael Pifko (Hrsg.), *Die Weisheit des Rabbi Nachman*, Benziger 2000
  Lea Fleischmann, *Rabbi Nachman und die Thora. Das Judentum für Nichtjuden verständlich gemacht*, Scherz 2000
- Clemens Thoma, *Nachman von Bratzlaw*, Herder Spektrum 2002

Adin Steinsaltz
Die dreizehnblättrige Rose
Von den Geheimnissen der
Kabbala und ihrer Bedeutung
für unser Leben
Israels berühmtester Rabbi und sein
Meisterwerk über die Kabbala.

Die Vorstellungen, was Kabbala
wirklich meint, gehen weit
auseinander. Außerhalb der
jüdischen Tradition wird ihr
Schwerpunkt häufig auf magisch-numerologischer Ebene angesetzt,
doch das trifft nicht den Kern der Dinge. In Wahrheit geht es bei
der Kabbala um Lebenskunst und um ein Leben im Einklang mit
der GÖTTLICHEN GEGENWART. Die Kabbala will nicht den
Anderen oder die Umstände verändern, sondern es geht ihr um die
Veränderung des Einzelnen.

Rabbi Adin Steinsaltz gilt weltweit als eine der größten Autoritäten
zur Kabbala. Er wird in Israel und in der ganzen Welt verehrt wegen
seiner tiefen Menschenkenntnis und seiner Weisheit des Herzens.

Die „Dreizehnblättrige Rose" ist eine Perle jüdischer Mystik, ohne
jemals weltabgehoben zu sein. Immer steht im Text der Mensch und
sein Leben im Alltag im Mittelpunkt, doch stets geht der Blick über
die alltägliche Wirklichkeit hinaus auf eine höhere Dimension, die
alles Erdengeschehen durchwirkt. Wahre Kabbala zeigt sich überall
dort, wo sie ein Menschenleben verändert und die verborgene
Gegenwart Gottes in allem Geschaffenen aufleuchten lässt.

Jüdische Spiritualität und Lebensweisheit in praktischer und
poetischer Vollendung. Eine wundervoll glitzernde Perle der
Mystik!

ISBN: 978-3-86191-019-0, 160 Seiten, Hardcover